## Coleção Eu gosto m@is

# Língua Espanhola

### Maria Cristina G. Pacheco

Pesquisadora, licenciada em pedagogia e artes plásticas; docente de língua inglesa e de língua espanhola em diversas instituições de ensino em São Paulo; autora de livros didáticos e paradidáticos em línguas estrangeiras.

### María R. de Paula González

Docente em língua inglesa e espanhola; coordenadora em vários cursos de idiomas em São Paulo.

2º ano
Ensino Fundamental

3ª edição
São Paulo
2015

Coleção Eu gosto m@is
Língua Espanhola 2º ano
© IBEP, 2015

| | |
|---:|:---|
| **Diretor superintendente** | Jorge Yunes |
| **Diretora editorial** | Célia de Assis |
| **Gerente editorial** | Maria Rocha Rodrigues |
| **Coordenadora editorial** | Simone Silva |
| **Assessoria pedagógica** | Valdeci Loch |
| **Analista de conteúdo** | Cristiane Guiné |
| **Editor** | Ricardo Soares |
| **Assistentes editoriais** | Andrea Medeiros, Juliana Gardusi, Helcio Hirao |
| **Coordenadora de revisão** | Helô Beraldo |
| **Revisão** | Beatriz Hrycylo, Cássio Dias Pelin, Fausto Alves Barreira Filho, Luiz Gustavo Bazana, Rosani Andreani, Salvine Maciel, Thiago Dias |
| **Secretaria editorial e Produção gráfica** | Fredson Sampaio |
| **Assistentes de secretaria editorial** | Carla Marques, Karyna Sacristan, Mayara Silva |
| **Assistentes de produção gráfica** | Ary Lopes, Eliane Monteiro, Elaine Nunes |
| **Coordenadora de arte** | Karina Monteiro |
| **Assistentes de arte** | Aline Benitez, Gustavo Prado Ramos, Marilia Vilela, Thaynara Macário |
| **Coordenadora de iconografia** | Neuza Faccin |
| **Assistentes de iconografia** | Bruna Ishihara, Camila Marques, Victoria Lopes, Wilson de Castilho |
| **Ilustração** | Lie Kobayashi, Ivan Coutinho |
| **Processos editoriais e tecnologia** | Elza Mizue Hata Fujihara |
| **Projeto gráfico e capa** | Departamento de Arte - IBEP |
| **Ilustração da capa** | Manifesto Game Studio |
| **Diagramação** | SG-Amarante Editorial |

**CIP-BRASIL. CATALOGAÇÃO-NA-FONTE**
**SINDICATO NACIONAL DOS EDITORES DE LIVROS, RJ**

G624L
3. ed.

    González, María R. de Paula
    Língua espanhola, 2º ano : ensino fundamental / María R. de Paula González. – 3. ed. – São Paulo : IBEP, 2015.
    il. ; 28 cm. (Eu gosto mais)

ISBN 9788534244053 (aluno) / 9788534244060 (mestre)

1. Língua espanhola – Estudo e ensino (Ensino fundamental). I. Título. II. Série.

15-21633                CDD: 372.6561
                                CDU: 373.3.016=134.2

06/04/2015   10/04/2015

3ª edição – São Paulo – 2015
Todos os direitos reservados

Av. Alexandre Mackenzie, 619 – Jaguaré
São Paulo – SP – 05322-000 – Brasil – Tel.: (11) 2799-7799
www.editoraibep.com.br      editoras@ibep-nacional.com.br

Impresso na Gráfica FTD

# APRESENTAÇÃO

**Bem-vindos!**

Como autoras da Coleção **Eu gosto m@is – Língua Espanhola**, esperamos que alunos, pais e professores possam desfrutá-la desde a primeira aula.

Brincando e aprendendo, desenhando e pintando, lendo, ouvindo, falando e escrevendo, vamos aprender espanhol.

Aprenderemos este idioma para melhorar nossa comunicação, para ampliar nosso conhecimento e ser, a cada dia, cidadãos mais integrados no mundo.

AS AUTORAS

# ÍNDICE DE CONTENIDOS

| LECCIÓN | | PÁGINA |

**1**    **Me llamo Mariana. ¿Y tú?**    6
(Eu me chamo Mariana, e você?)
- Contenido lingüístico: presentaciones, saludos.
- Contenido gramatical: verbo reflexivo llamarse, despedirse; verbo ser.

**2**    **Tengo 7 años**    16
(Eu tenho sete anos)
- Contenido lingüístico: los números, decir la edad, hablar de los colores.
- Contenido gramatical: verbo tener.

**Revisión**    24
(Revisão)

**3**    **¿Te gusta o no te gusta?**    26
(Você gosta ou não?)
- Contenido lingüístico: los animales, las formas.
- Contenido gramatical: verbos gustar, pintar, encontrar, nombrar, completar.

**4**    **¿Me prestas un lápiz?**    32
(Você me empresta um lápis?)
- Contenido lingüístico: los útiles escolares, el alfabeto, las vocales.
- Contenido gramatical: verbos prestar, encontrar, borrar, escribir, pegar, recortar.

**Revisión**    41
(Revisão)

| LECCIÓN | | PÁGINA |
|---|---|---|
| 5 | **¿Cómo soy?** (Como sou?) | 46 |
| | • Contenido lingüístico: hablar de las partes del cuerpo y de las características físicas. | |
| | • Contenido gramatical: adjetivos descriptivos, verbo jugar, describir. | |
| 6 | **La familia de Gabriel** (A família de Gabriel) | 58 |
| | • Contenido lingüístico: hablar de la familia. | |
| | • Contenido gramatical: verbos trabajar, estudiar, dibujar, verbo haber impersonal. | |
| | **Revisión** (Revisão) | 68 |
| 7 | **Mi casa es grande** (Minha casa é grande) | 70 |
| | • Contenido lingüístico: la casa y sus habitaciones. | |
| | • Contenido gramatical: verbo vivir; pronombres interrogativos ¿cómo?, ¿qué?, ¿cuántos? | |
| 8 | **¿Vamos a la feria?** (Vamos à feira?) | 80 |
| | • Contenido lingüístico: las frutas, las legumbres y las verduras. | |
| | • Contenido gramatical: adjetivos calificativos. | |
| | **Revisión** (Revisão) | 90 |
| | **Glosario** (Glossário) | 93 |
| | **Actividades complementarias** (Atividades complementares) | 97 |
| | **Adhesivos** (Adesivos) | 113 |

# Me llamo Mariana. ¿Y tú?
**(Eu me chamo Mariana, e você?)**

Escucha y lee.
(Escute e leia.)

## ACTIVIDADES

**1** Completa los diálogos.
(Complete os diálogos.)

a) Yo me llamo _____.

   Soy _____.

b) _____ soy Gabriel.

   Me _____.

c) Me _____.

   Soy _____.

d) Soy María.

   Me _____.

**2** Ahora, preséntate.
(Agora, apresente-se.)

**3** Habla y completa.
(Fale e complete.)

a) ¿Cómo te llamas?

   Me _____ Hernando.

b) ¿Cómo te llamas?

   _____ Lucía.

c) ¿Quién _____?

   _____ Raquel.

d) ¿Cómo te llamas?

   _____ Mario.

e) ¿Quién eres?

   _____.

f) ¿Cómo te llamas?

   _____.

**g)** ¿Quién es él?

_____.

**h)** ¿Quién es ella?

_____.

**i)** ¿Quién es _____?

Es Pedro.

**j)** ¿Quién _____?

Es Víctor.

**k)** ¿Quién es _____?

Es María.

**l)** ¿Quién _____?

Es Cristina.

**4** Habla y completa las frases.
(Fale e complete as frases.)

**a)** Ella _____ Sofía.   **b)** Él se _____ Joaquín.

**c)** Ella _____.

**d)** _____ Gabriel.

**e)** Él_____.

**f)** _____.

**5** **Presenta un(a) amigo(a) a tus compañeros.**
(Apresente um(a) amigo(a).)

Este(a) es mi amigo(a).

Él(Ella) se llama _____.

# Saludando

(Cumprimentando.)

¡Buenos días!  ¡Buenas tardes!  ¡Buenas noches!  ¡Adiós!

¡Hola!  ¡Hasta luego!  ¡Chau!

## VOCABULARIO

**adiós:** adeus.
**buenas noches:** boa noite.
**buenas tardes:** boa tarde.
**buenos días:** bom dia.

**chau:** tchau.
**hasta luego:** até logo.
**hola:** olá.

## 6 Habla y escribe.
(Fale e escreva.)

¡Chau!

¡Hola!

a) ¡_____!

¡Buenas tardes!

¡Adiós!

b) ¡_____!

¡Hola!

¡Buenos días!

c) _____

¡Buenas noches!

¡Hasta luego!

d) _____

**7** ¡Escucha y escribe!
(Escute e escreva.)

a) **Ana:** Hola.

   **Agustina:** Hola, _____.

   Y tú, ¿_____?

   **Ana:** _____.

b) **Paula:** ¿Quién es él?

   **Maite:** _____.

   **Paula:** ¿_____?

   **Maite:** Pedro.

c) **Raquel:** Chau, _____.

   **Julia:** Hasta _____.

d) **Fernando:** ¿_____?

   **Matías:** ¿Aquel chico?

   **Fernando:** Sí.

   **Matías:** _____ Mauricio.

# LECCIÓN 2
# Tengo 7 años
(Eu tenho 7 anos)

Escucha y lee.
(Escute e leia.)

Ella es Mariana.
Ella tiene 8 años.

Él se llama Gabriel.
Tiene 10 años.

## Números
(Números)

 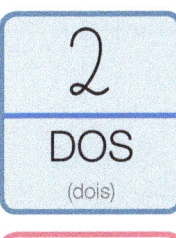   

  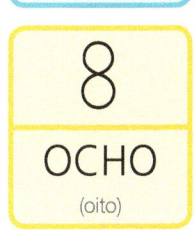  

 **ACTIVIDADES**

**1** Habla y escribe.
(Fale e escreva.)

¿Y tú? ¿Cómo te llamas y cuántos años tienes?

_____

Presenta a un amigo y escribe su edad.

_____

**2** Escribe.
(Escreva.)

 _____   _____   _____

 _____   _____   _____

 _____   _____

 _____   _____

**3** Completa las preguntas y contéstalas.
(Complete as perguntas e responda-as.)

| UNO 1 Ernesto | DOS 2 Joaquín | TRES 3 Lucía | CUATRO 4 Maite | CINCO 5 Marina |

| SEIS 6 Teresa | SIETE 7 Pedro | OCHO 8 Mariana | NUEVE 9 Pablo | DIEZ 10 Gabriel |

a) ¿Cuántos _____ tiene Mariana?

Ella tiene _____ años.

b) ¿Cuántos _____ tiene Pedro?

Él tiene _____ años.

c) ¿Cuántos años _____ Gabriel?

Él _____ años.

d) ¿_____ tiene Teresa?

_____ tiene _____ años.

e) ¿_____ años tiene Maite?

Ella tiene _____ .

**4** Arma las frases de acuerdo con los colores.
(Monte as frases de acordo com as cores.)

Pablo   Ana   Este   Ella

7 años   llama   Yo   es   Manuelita

se   Mariana   es   tienes   Fernando

Esta   Él   Silvia   9 años   es

Tú   soy   tiene

a) Yo soy _____.

b) Manuelita tiene _____.

c) Tú tienes _____.

d) _____ es Pablo.

e) Esta es _____.

f) Ella se _____ Silvia.

g) Este es _____.

# Los colores
(As cores)

 **VOCABULARIO**

**amarillo:** amarelo.   **marrón:** marrom.   **verde:** verde.
**azul:** azul.   **negro:** preto.
**blanco:** branco.   **rojo:** vermelho.

 Escribe los nombres de los colores.
(Escreva os nomes das cores.)

 _____    _____

 _____    _____

 _____    _____

 _____

LÍNGUA ESPANHOLA

## 6. Cuenta y escribe el nombre de los colores.
(Conte e escreva o nome das cores.)

**Modelo:**

cuatro, negros.

a) _____ ,
   _____ .

d) _____ ,
   _____ .

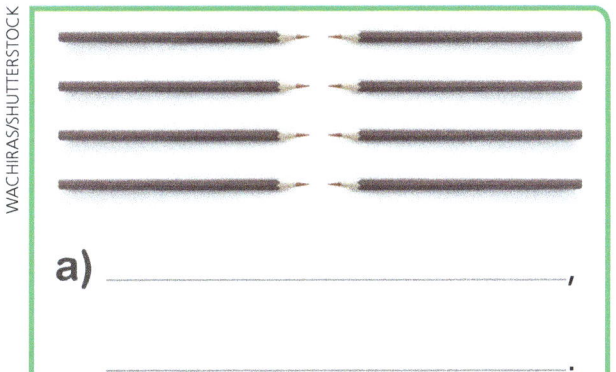

b) _____ ,
   _____ .

e) _____ ,
   _____ .

c) _____ ,
   _____ .

f) _____ ,
   _____ .

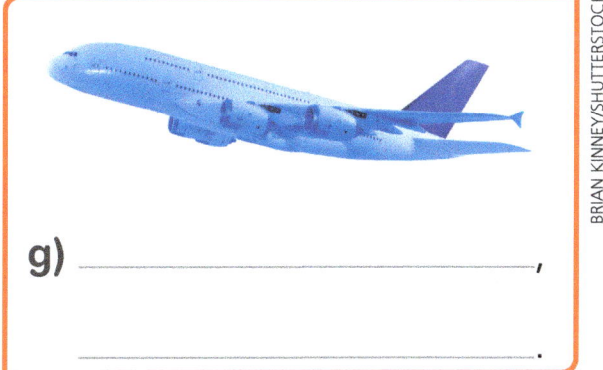

g) _____ ,
   _____ .

**7** Escucha y escribe lo que falta.
(Escute e escreva o que falta.)

a) Yo me llamo _____.

Tengo _____ años.

Tengo _____

pelotas _____.

Pedro, 7

b) Me llamo _____.

Tengo _____ años.

Tengo _____

pelotas _____.

Cristina, 7

c) Me llamo _____.

Tengo _____ años.

Tengo _____

pelotas _____.

María, 9

d) Me llamo _____.

Tengo _____ años.

Tengo _____ verdes.

Alfredo, 8

## 8. Encuentra los números y los colores.
(Encontre os números e as cores.)

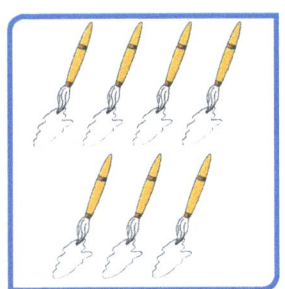
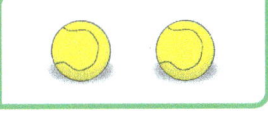

| V | E | R | D | E | A | Y | K | Z | L | N | E | G | R | O | O |
|---|---|---|---|---|---|---|---|---|---|---|---|---|---|---|---|
| L | M | N | O | Y | W | A | E | F | G | F | P | R | S | A | I |
| A | R | O | J | O | V | P | Q | I | B | A | U | N | O | N | U |
| M | J | Q | P | R | T | C | S | A | G | H | N | O | A | C | Y |
| A | C | V | U | S | I | E | T | E | M | B | L | A | N | C | O |
| R | L | D | O | S | A | O | U | B | F | J | N | T | B | C | M |
| I | L | O | J | E | V | D | G | O | T | W | Y | A | U | V | C |
| L | M | G | L | P | A | I | J | P | S | Z | G | E | A | B | E |
| L | R | W | Y | C | N | U | E | V | E | H | R | G | T | F | L |
| O | S | A | B | Z | C | K | L | V | A | E | F | O | C | H | O |

Marque con un (✓) lo que encuentres.

- ☐ uno
- ☐ nueve
- ☐ diez
- ☐ rojo
- ☐ dos
- ☐ siete
- ☐ verde
- ☐ amarillo
- ☐ tres
- ☐ ocho
- ☐ blanco
- ☐ negro

## 9. ¡Vamos a colorear! Ve a la página 99.
(Vamos colorir. Vá para a página 99.)

## REVISIÓN

**Aprendiste a:**
(Você aprendeu a:)

### Decir la edad.
(Dizer a idade.)

Yo tengo 7 años.   Él tiene 6 años.
Tú tienes 8 años.   Ella tiene 10 años.

### Decir tu nombre y el de tus amigos.
(Dizer o seu nome e o dos seus amigos.)

Mi nombre es...   Él se llama Pedro.
Yo me llamo...    Ella se llama Mariana.

### Preguntar.
(perguntar.)

¿Cómo es tu nombre?   ¿Cómo te llamas?
¿Cuántos años tienes?   ¿Quién eres?

### Decir los números.
(Dizer os números.)

| 1 | uno | 6 | seis |
| 2 | dos | 7 | siete |
| 3 | tres | 8 | ocho |
| 4 | cuatro | 9 | nueve |
| 5 | cinco | 10 | diez |

### Decir los colores.
(Dizer as cores.)

 amarillo   marrón   azul   rojo   verde   negro   blanco

## ACTIVIDADES

**1** Contesta.
(Responda.)

a) ¿Cómo se llama tu amiga?

Ella se llama _____.

b) ¿Cuántos años tiene ella?

Ella tiene _____ años.

c) Y tu amigo, ¿cómo se llama?

_____ se llama _____.

d) ¿Cuántos años tiene él?

Él tiene _____.

e) Y tú, ¿cómo te llamas?

Yo soy _____.

f) Y yo, tu profesor(a), ¿cómo me llamo?

Te llamas _____.

**2** Habla y escribe.
(Fale e escreva.)

a) ¿Qué color es ese?

Es el _____.

b) ¿Qué color es ese?

Es el _____.

c) ¿Qué color es ese?

Es el _____.

d) ¿Qué color es ese?

Es el _____.

# ¿Te gusta o no te gusta?
(Você gosta ou não?)

**LECCIÓN 3**

Escucha y lee.
(Escute e leia.)

¿Te gustan los perros?

Sí, me gustan mucho. Tengo dos.

¿Qué juguetes les gustan a tus perros?

Los de forma circular y rojos.

ILUSTRAÇÕES: IVAN COUTINHO

## Formas
(Formas geométricas.)

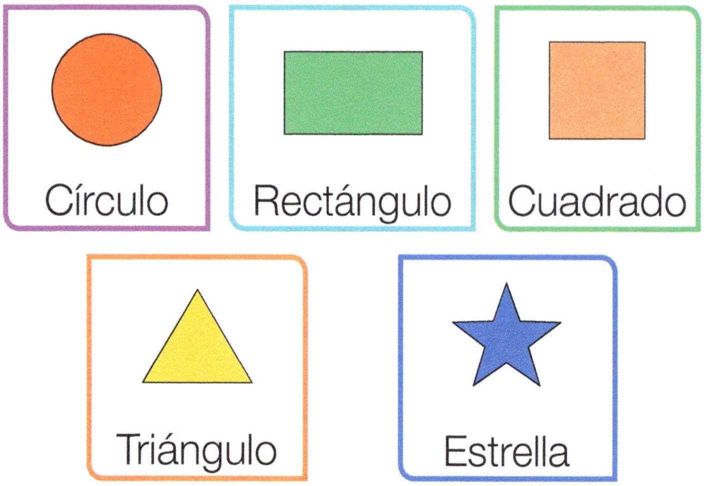

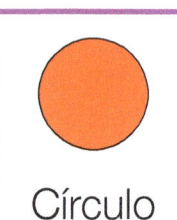
Círculo

Rectángulo

Cuadrado

Triángulo

Estrella

### VOCABULARIO

**círculo:** círculo.
**cuadrado:** quadrado.
**estrella:** estrela.
**rectángulo:** retângulo.
**triángulo:** triângulo.

LÍNGUA ESPANHOLA

# ACTIVIDADES

**1** Pega los adhesivos y une.
(Cole os adesivos e una.)

| rectángulo **rojo** | estrella **verde** | círculo **amarillo** |

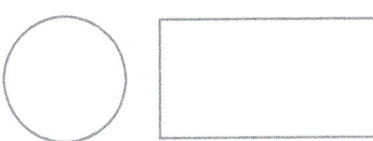   

| triángulo **negro** | cuadrado **azul** |

**2** Resuelve el crucigrama.
(Resolva a cruzadinha.)

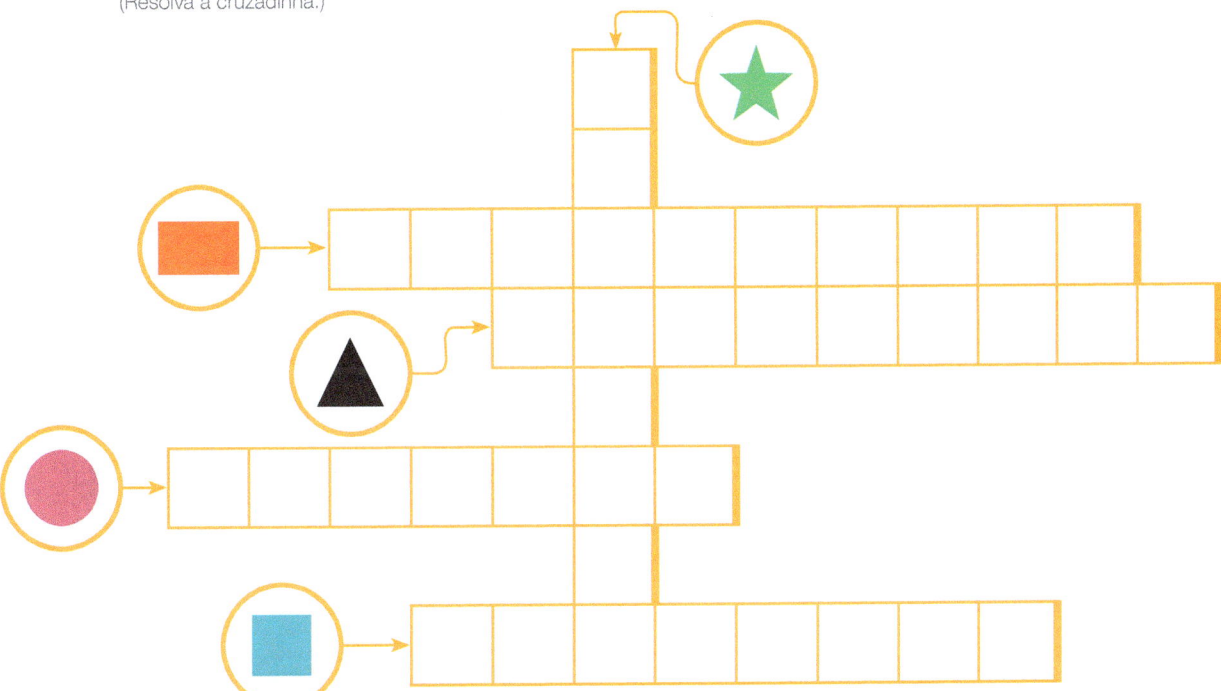

## ¿Te gustan los animales?

(Você gosta de animais?)

**VOCABULARIO**

**gato:** gato.
**lagarto:** lagarto.
**pájaro:** pássaro.
**perro:** cachorro.
**pez:** peixe.

gato

perro

pájaro

pez

lagarto

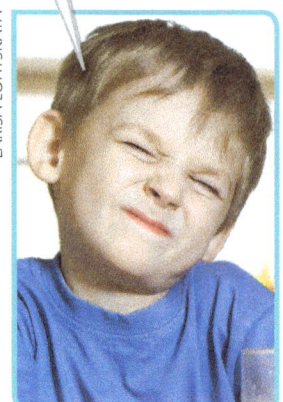

No, me dan asco.

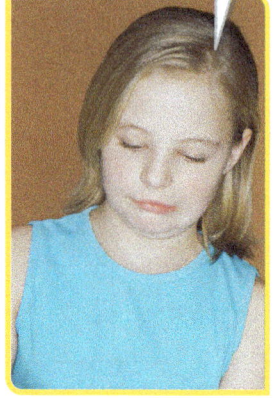

No, no me gustan.

Sí, un poco.

Sí, me encantan.

**3** ¿Tienes algún animal?
(Você tem algum animal de estimação?)

☐ Sí, Yo tengo un(a) _____

  que se llama _____.

☐ No, pero me gustaría un(a) _____.

☐ No tengo animal.

**4** Recorta y juega.
(Recorte e brinque. Página 101.)

**5** Encuentra los nombres de los animales.
(Encontre os nomes dos animais.)

serpiente

gato

pez

mono

| S | F | M | O | N | O | I | S | R | R | A |
| E | Q | U | Á | G | E | V | L | E | Ó | N |
| R | X | Ñ | Z | T | N | M | A | É | L | Ñ |
| P | E | Z | T | P | J | Y | G | A | M | L |
| I | Ó | S | R | E | Z | G | A | T | O | G |
| E | Z | Y | W | R | R | A | R | P | R | Z |
| N | O | M | S | R | D | É | T | Í | S | Ó |
| T | T | O | S | O | B | S | O | S | Y | N |
| E | M | T | Ñ | A | P | N | T | G | I | R |

oso

perro

león

lagarto

FOTOGRAFIA: SHUTTERSTOCK (CELLISTKA/ AVDEENKO/ ALEXANDRA LANDE/ IAKOV FILIMONOV/ IAKOV FILIMONOV/OTSPHOTO/IAKOV FILIMONOV/CYNOCLUB)

## VOCABULARIO

**león:** leão.   **mono:** macaco.   **oso:** urso.   **serpiente:** cobra.

**6** Escribe los nombres de los animales y pinta tu preferido.
(Escreva o nome dos animais e pinte o seu preferido.)

_____  _____

_____  _____

_____  _____

LÍNGUA ESPANHOLA

**7** Circula las palabras de cada grupo con el color indicado.
(Circule as palavras de cada grupo com a cor indicada.)

Las formas → **azul**

Los animales → **rojo**

Los números → **negro**

| Triángulo | Gato | Pájaro |
| --- | --- | --- |
| Lagarto | Cuatro | Cuadrado |
| Siete | Estrella | Tres |
| Círculo | Nueve | Uno |
| Diez | Dos | Rectángulo |
| Perro | Ocho | Cinco |

**8** ¿Jugamos a la memoria? Ve a la página 103.
(Vamos brincar com o Jogo da Memória?. Vá para a página 103.)

## LECCIÓN 4

# ¿Me prestas un lápiz?
(Você me empresta um lápis?)

Escucha y lee.
(Escute e leia.)

### VOCABULARIO

**estuche:** estojo.
**goma:** borracha.
**lapicera:** caneta.
**lápiz:** lápis.
**lápiz de color:** lápis de cor.
**regla:** régua.
**sacapuntas:** apontador.

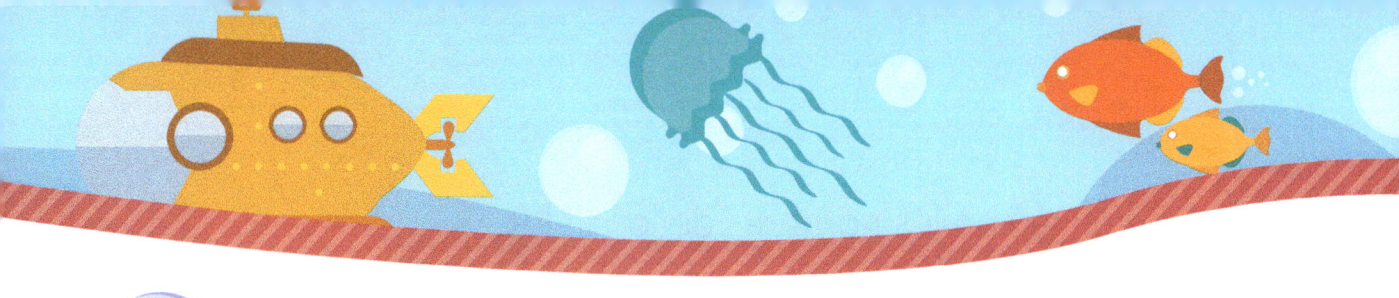

## ACTIVIDADES

**1** Encuentra los útiles escolares.
(Encontre os materiais escolares.)

la regla 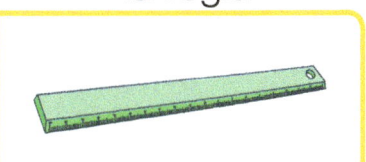   el sacapuntas 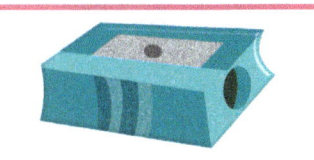   la lapicera

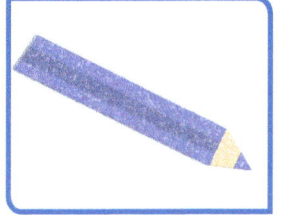      

el lápiz de color    el estuche    la goma    el lápiz

**2** Completa con los nombres de los útiles.
(Complete com os nomes dos materiais escolares.)

Yo uso _____ para escribir.

Yo uso _____ para borrar.

Yo uso _____ para escribir con tinta.

Yo uso _____ para sacarles puntas a los lápices.

**3** Relaciona los útiles escolares con los verbos.
(Relacione os materiais escolares com os verbos.)

**a)** borrar **b)** escribir con tinta

**c)** sacar punta **d)** escribir y colorear

  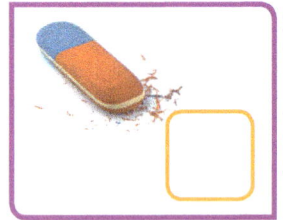 

**4** Ordena las letras y forma los nombres de los útiles escolares.
(Ordene as letras.)

**a)** cerapila _____

**b)** mago _____

**c)** puntasasca _____

**d)** zilpá _____

**e)** grela _____

**f)** cheestu _____

**5** Descubre las palabras y únelas a las imágenes.
(Descubra as palavras e ligue-as às imagens.)

|   | A | B | C | D | E | F | G |
|---|---|---|---|---|---|---|---|
| 1 | G | E | R | C | A | S | I |
| 2 | O | T | P | M | U | L | H |

| C1 | B1 | A1 | F2 | E1 |
|----|----|----|----|----|
|    |    |    |    |    |

| B1 | F1 | B2 | E2 | D1 | G2 | B1 |
|----|----|----|----|----|----|----|
|    |    |    |    |    |    |    |

| A1 | A2 | D2 | E1 |
|----|----|----|----|
|    |    |    |    |

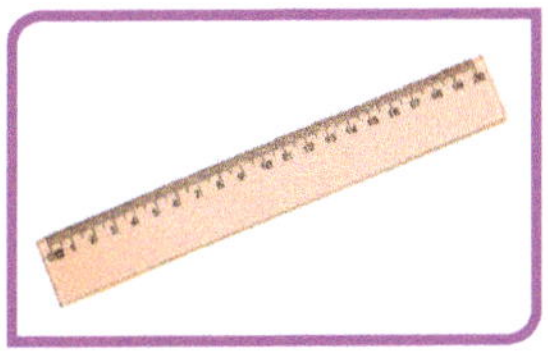

| F2 | E1 | C2 | G1 | D1 | B1 | C1 | E1 |
|----|----|----|----|----|----|----|----|
|    |    |    |    |    |    |    |    |

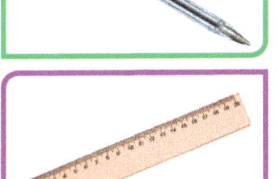

**6** El estuche de mi amigo.
(O estojo do meu amigo.)

_____  _____

_____  _____

_____  _____

_____  _____

# El alfabeto
(O alfabeto)

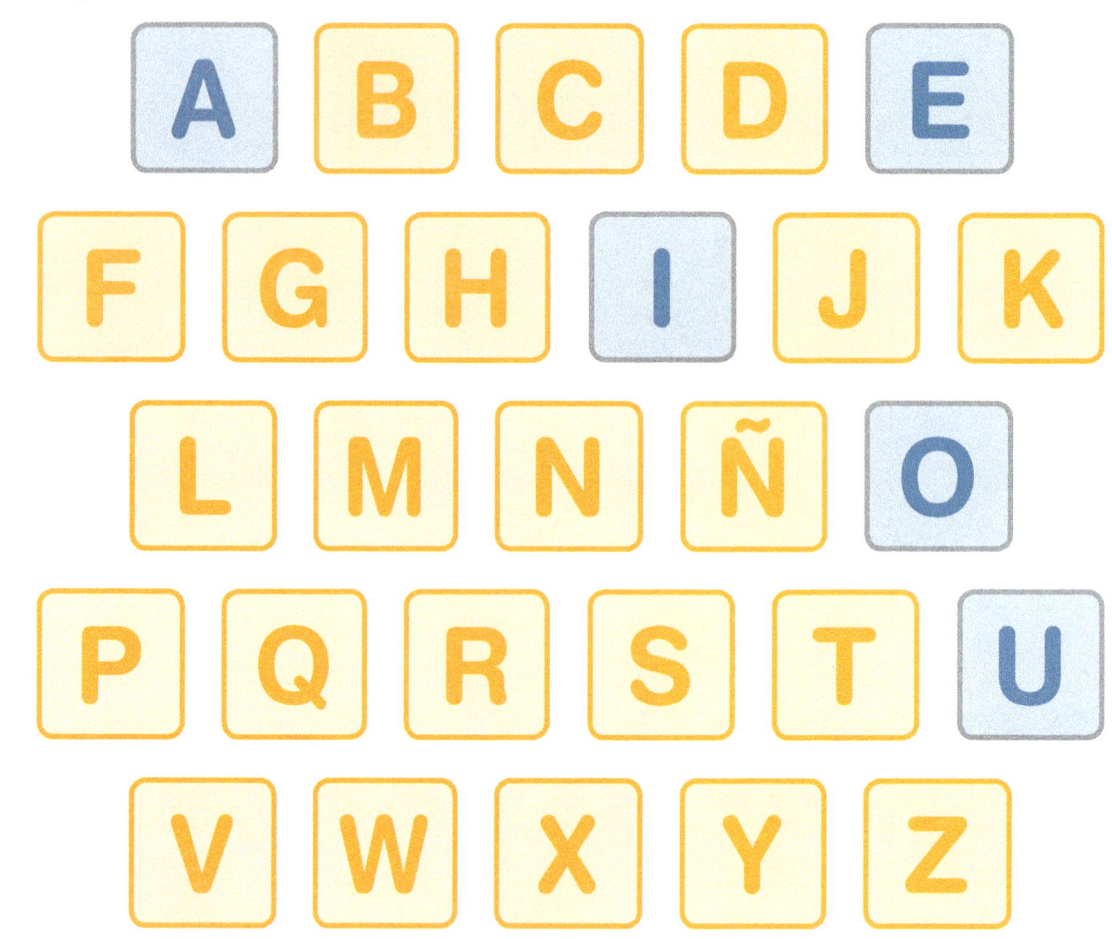

A B C D E
F G H I J K
L M N Ñ O
P Q R S T U
V W X Y Z

**7** ¿Jugamos al Veo veo?
(Vamos brincar de "Veo veo"?)

Veo veo
¿Qué ves?
Una cosa
¿Qué es?
Una cosa que empieza con

_____.

Y termina con

_____.

Ejemplos:

**p**elot**a**        **e**strell**a**

**t**riángul**o**     **p**ájar**o**

**c**uadrad**o**      **g**at**o**

**c**írcul**o**       **p**err**o**

**r**ectángul**o**

**8** Elije una letra, recorta y pega imágenes de animales, plantas u objetos cuyos nombres empiecen con esta letra.
(Escolha uma letra, recorte e cole figuras de animais, plantas ou objetos cujos nomes comecem com esta letra.)

**9** Encuentra las palabras.
(Encontre as palavras.)

**a)** el número:

**b)** el animal:

**c)** el color:

**d)** la forma:

**e)** el útil del estuche:

| S | A | L | O | N | Q | O | X | Z | I |
|---|---|---|---|---|---|---|---|---|---|
| A | Ñ | K | Y | S | I | E | T | E | O |
| M | O | Y | G | L | R | M | O | I | Q |
| A | J | P | E | R | R | O | N | A | Z |
| R | G | A | Q | J | V | T | S | U | P |
| I | B | E | S | T | R | E | L | L | A |
| L | A | I | I | T | A | O | I | N | O |
| L | B | P | H | E | K | G | O | M | A |
| O | F | O | S | Y | N | O | L | A | I |
| T | B | U | R | V | L | D | N | A | X |

**10** Dibuja de acuerdo con lo que se pide.
(Desenhe de acordo com o que se pede.)

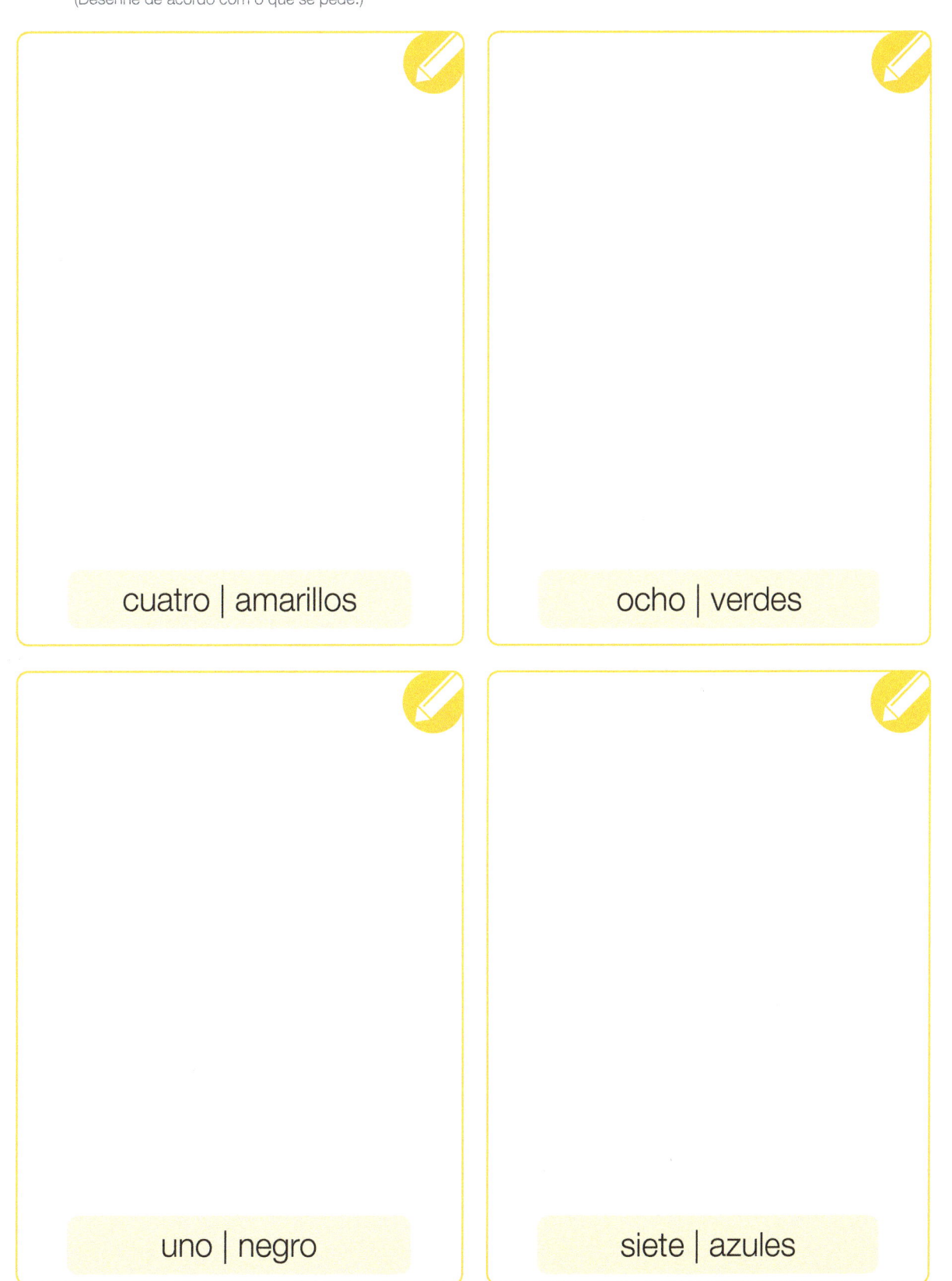

| cuatro | amarillos | ocho | verdes |

| uno | negro | siete | azules |

## ¡Vamos a cantar!
(Vamos cantar!)

**11** Escucha la canción y colorea.
(Escute a canção e pinte o desenho.)

> Cuando el lápiz y la lapicera
> se juntan para charlar,
> la goma y el sacapuntas
> no paran de molestar.

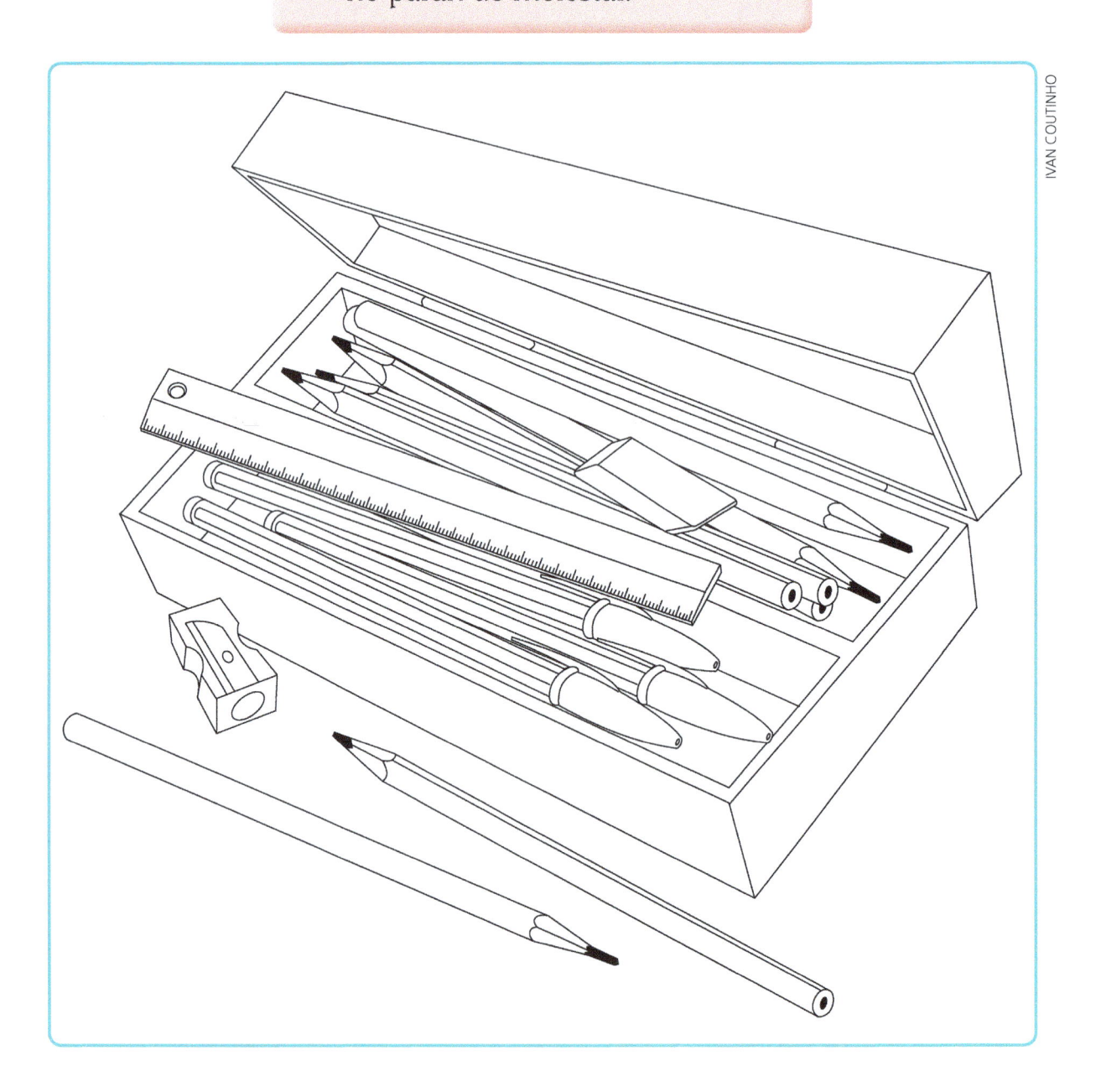

# REVISIÓN

## Aprendiste a:
(Você aprendeu a:)

Decir los nombres de las formas y de los colores.
(Dizer os nomes das formas e das cores.)

| el triángulo amarillo | el cuadrado marrón | la estrella azul | el círculo rojo | el rectángulo verde |

Decir los nombres de algunos animales.
(Dizer os nomes de alguns animais.)

el lagarto

el gato

el perro

el pájaro

## Decir los nombres de los útiles del estuche.
(dizer os nomes dos materiais escolares que você guarda no estojo.)

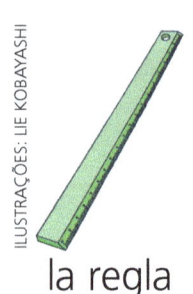

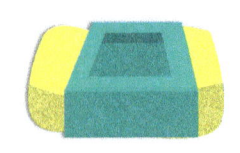

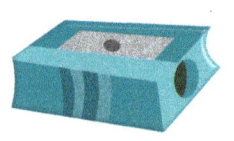

la regla   la goma   el sacapuntas   el lápiz   la lapicera

## Pedir algo prestado y contestar.
(Pedir algo emprestado e responder.)

–¿Me prestas la regla?
–Sí, toma.
–Perdón, no tengo.

## Usar el verbo gustar.
(Usar o verbo gustar.)

–¿Te gustan los gatos?
–Sí, me gustan.
–No, no me gustan.
–¿Qué color te gusta más?
–Me gusta el rojo.

## ACTIVIDADES

**1** Completa.
(Complete.)

¿Me prestas un _____ ?

Perdón, no tengo.

¿Te gustan los _____?

Sí, _____.

¿Qué forma es esa?

Es una _____.

**2** ¡Habla un poco de tus gustos!
(Fale um pouco de suas preferências!)

**a)** ¿Qué color te gusta más?

Me gusta el _____.

**b)** ¿Qué forma te gusta más?

Me gusta el _____.

**c)** ¿Te gustan los perros? _____.

¿Y los gatos? _____.

**d)** ¿Qué animal te gusta más?

Me gusta el _____.

**3** Une la pregunta con la respuesta.
(Ligue a pergunta com a resposta.)

¿Qué color es este?                    Ella tiene 9 años.

¿Tienes una regla?                     Me llamo Gabriela.

¿Cuántos años tiene ella?              Es azul.

¿Cómo te llamas?                       Sí, toma.

¿Quién soy yo?                         Eres mi profesora.

¿Quién es este?                        Es un círculo.

Hasta luego.                           Sí, me gustan.

¿Qué forma es esa?                     Este es mi amigo Juan.

¿Te gustan los lagartos?               ¡Chau!

Ahora, practica con un compañero.

**4** Completa los diálogos.
(Complete os diálogos.)

**a)** ¡Hola! Cómo te llamas?

Yo me llamo _____.

¿Cuántos años tienes?

Tengo _____ años.

**b)** ¿Quién es ella?

_____ Isabel.

Ella tiene un _____.

**c)** Hola María, ¿me prestas un lápiz?

Sí. ¿De qué color quieres?

_____.

**d)** ¿Cómo te llamas?

Me llamo _____.

¿Qué forma geométrica te gusta más?

Me gusta el _____.

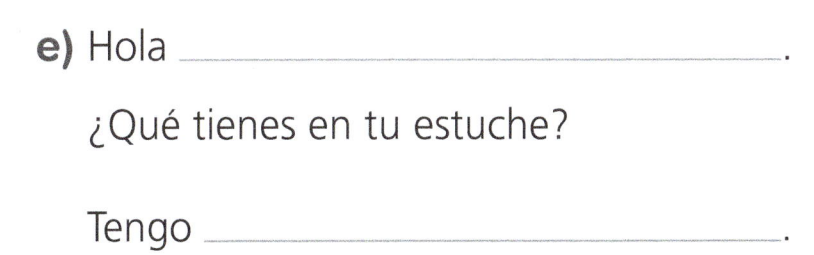

**e)** Hola _____.

¿Qué tienes en tu estuche?

Tengo _____.

## LECCIÓN 5

# ¿Cómo soy?
(Como sou?)

**Escucha y lee.** 🎵
(Escute e leia.)

Mis brazos y piernas son cortos.

**la cabeza**
grande, pequeña.
(a cabeça – grande, pequena)

**el pecho**
estrecho, ancho.
(o peito – estreito, largo)

**el brazo (los brazos)**
cortos, largos, fuertes.
(o braço / os braços – curtos, longos, fortes)

**la pierna (las piernas)**
cortas, largas, flacas, gordas.
(a perna / as pernas – curtas, longas, magras, gordas)

**el pie (los pies)**
grandes, pequeños, gordos, flacos, planos.
(o pé / os pés – grandes, pequenos, gordos, magros, chatos)

**el ojo (los ojos)**
verdes, azules, castaños, negros, grandes, pequeños.
(o olho / os olhos – verdes, azuis, castanhos, pretos, grandes, pequenos)

**el pelo**
liso, rizado, corto, largo, castaño, negro, rubio, oscuro, claro, crespo, pelirrojo.
(o cabelo – liso, encaracolado, curto, longo, castanho, preto, louro, escuro, cacheado, escuro, ruivo)

Mi pelo es liso y castaño.

**la boca**
grande, pequeña.
(a boca – grande, pequena)

**la nariz**
fina, ancha, chata, grande, pequeña.
(o nariz – fino, largo, achatado, grande, pequeno)

**la cara**
cuadrada, ovalada, redonda.
(o rosto – quadrado, oval, redondo)

## ACTIVIDADES

**1** ¡Vamos a jugar! Encuentra y marca (✓) las cinco diferencias.
(Vamos brincar! Encontre e marque as cinco diferenças.)

- ☐ ojos
- ☐ cara
- ☐ nariz
- ☐ boca
- ☐ brazo
- ☐ pierna
- ☐ pelo
- ☐ pecho
- ☐ pie

¿En qué partes hay diferencias?
(Em que partes há diferenças?)

## 2 ¿Vamos a jugar al ahorcado?
(Vamos brincar de forca?)

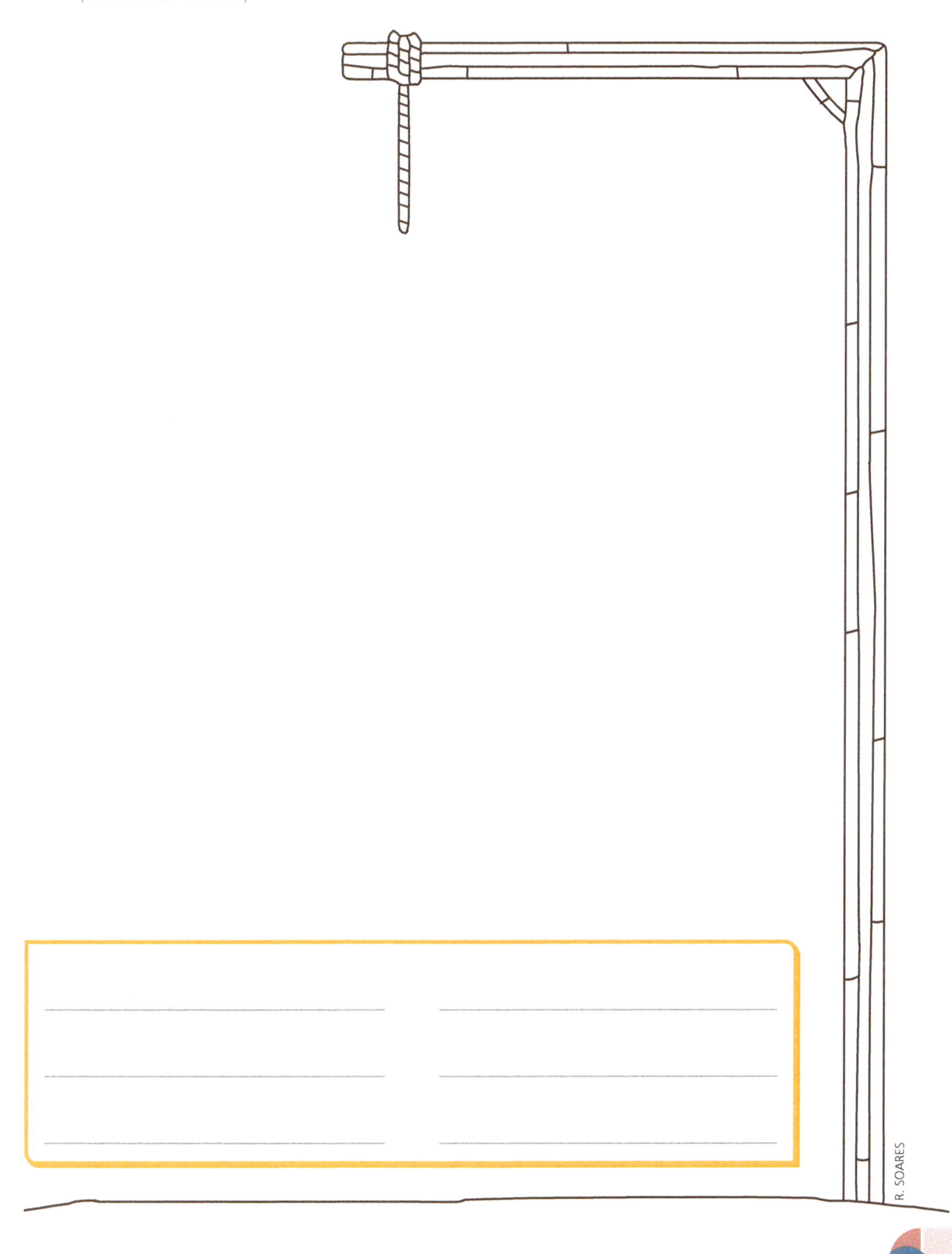

**3** Describe las personas. Sigue el modelo.
(Descreva as pessoas. Siga o modelo.)

> **Modelo:**
>
> Tengo ojos negros y pelo oscuro.
>
> Tengo la nariz grande y la boca también grande.

**a)** Yo tengo ojos _____ .

Tengo la boca _____ y

el pelo _____ .

**b)** Tengo el _____ oscuro

y liso. Tengo _____ castaños

y nariz _____ .

**c)** Tengo la cara _____ .

Mis ojos son _____ .

**d)** Juana tiene la boca _____.

Su pelo es _____.

**e)** Pedro _____ el

pelo _____.

Sus ojos son _____.

**f)** Doña Concha tiene _____

_____ rubio.

Su boca es _____.

**g)** Don Pepe _____

los ojos _____.

Su pelo es _____.

**h)** ¿Y tú?

Tengo la boca _____,

el pelo _____,

la nariz _____

y los ojos _____.

**4** Escribe algunas características físicas de estas personas.
(Escreva algumas características físicas destas pessoas.)

a) Mi profesor(a) de español es _____

_____.

b) Soy _____

_____.

c) Mi amigo es _____

_____.

d) Mi amiga es _____

_____.

e) Mi madre es _____

_____.

f) Mi padre es _____

_____.

g) Mi abuelo materno es _____

_____.

h) Mi abuela paterna es _____

_____.

**5** Forma las frases de acuerdo con los colores.
(Forme as frases segundo as cores.)

| Yo | los ojos |
| Ella | el pelo |
| Juan | la nariz |
| María | la boca |
| verdes | tiene |
| liso | tengo |
| grande | tiene |
| chata | tiene |

a) _____

b) _____

c) _____

d) _____

**6** **Crea un monstruo divertido.**
(Crie um monstro engraçado.)

Me llamo _____.

**7** Contesta acerca de tu creación.
(Responda sobre a sua criação.)

**a)** ¿Cómo se llama tu monstruo?

Se llama _____.

**b)** ¿Cuántos brazos tiene?

Tiene _____ brazos.

**c)** ¿Y cuántas piernas?

Tiene _____ piernas.

**d)** ¿De qué color son los ojos?

Los ojos son _____.

**e)** ¿Es alto o bajo?

Es _____.

**f)** ¿Es gordo o flaco?

Es _____.

**g)** ¿De qué color es el pelo del monstruo?

El pelo es _____.

**h)** ¿Y cómo es la cara del monstruo?

La cara es _____.

**i)** ¿Cuántas cabezas tiene?

Tiene _____.

**8** Busca en los adhesivos personas con las características pedidas.
(Procure nos adesivos pessoas com as características pedidas.)

**a)** Es una niña y tiene la boca grande.

**c)** Es un niño con el pelo rubio.

**b)** Es una niña con ojos claros.

**d)** Es un niño con brazos largos.

**9** Une las columnas para formar diálogos.
(Ligue as colunas para formar diálogos.)

¿Cómo es tu boca?                    Tengo dos.

¿Cómo eres?                          Mis ojos son grandes.

¿Cuántas piernas tienes?             Mi boca es grande.

¿Cómo es tu pelo?                    Mi nariz es chata.

¿Cómo son tus ojos?                  Soy bajo.

¿Cómo es tu nariz?                   Es rubio.

**10** Circula las partes de la cabeza con color rojo y las del resto del cuerpo con azul.
(Circule as partes da cabeça com a cor vermelha e as do resto do corpo com azul.)

| ancha | grande | ojo |
| boca | pierna | fuerte |
| brazo | rubio | negro |
| pelo | estrecho | pie |
| redonda | pecho | fina |

## LECCIÓN 6

# La familia de Gabriel

(A família de Gabriel)

Escucha y lee.
(Escute e leia.)

Estos son los animales de Gabriel.

Yo soy Gabriel, el hijo de Mario y Marta.

Los otros son mis abuelos y mi hermana.

### VOCABULARIO

**abuelo(a):** avô(ó).
**hijo(a):** filho(a).
**padre:** pai.
**madre:** mãe.
**hermano(a):** irmão (irmã).

Estos son los abuelos.

Esta es la hermana.

Don Pepe es el abuelo de Gabriel.

Doña Pepa es la abuela de Gabriel.

Laura es la hija de Mario y Marta.

Estos son los padres.

Estos son los animales de Gabriel.

Mario es el padre de Gabriel.

Marta es la madre de Gabriel.

Este es Mimo.

Este es Piolín.

ILUSTRAÇÕES: IVAN COUTINHO

## ACTIVIDADES

**1** Escribe.
(Escreva.)

a) Doña Pepa es mi _____. Ella es buena.

b) Don Pepe es mi _____. Él es simpático.

c) Mario y Marta son mis _____.

d) Laura es mi _____. Ella estudia inglés.

e) Piolín es mi _____. Él es grande.

**2** Escribe quiénes son estas personas.
(Escreva quem são estas pessoas.)

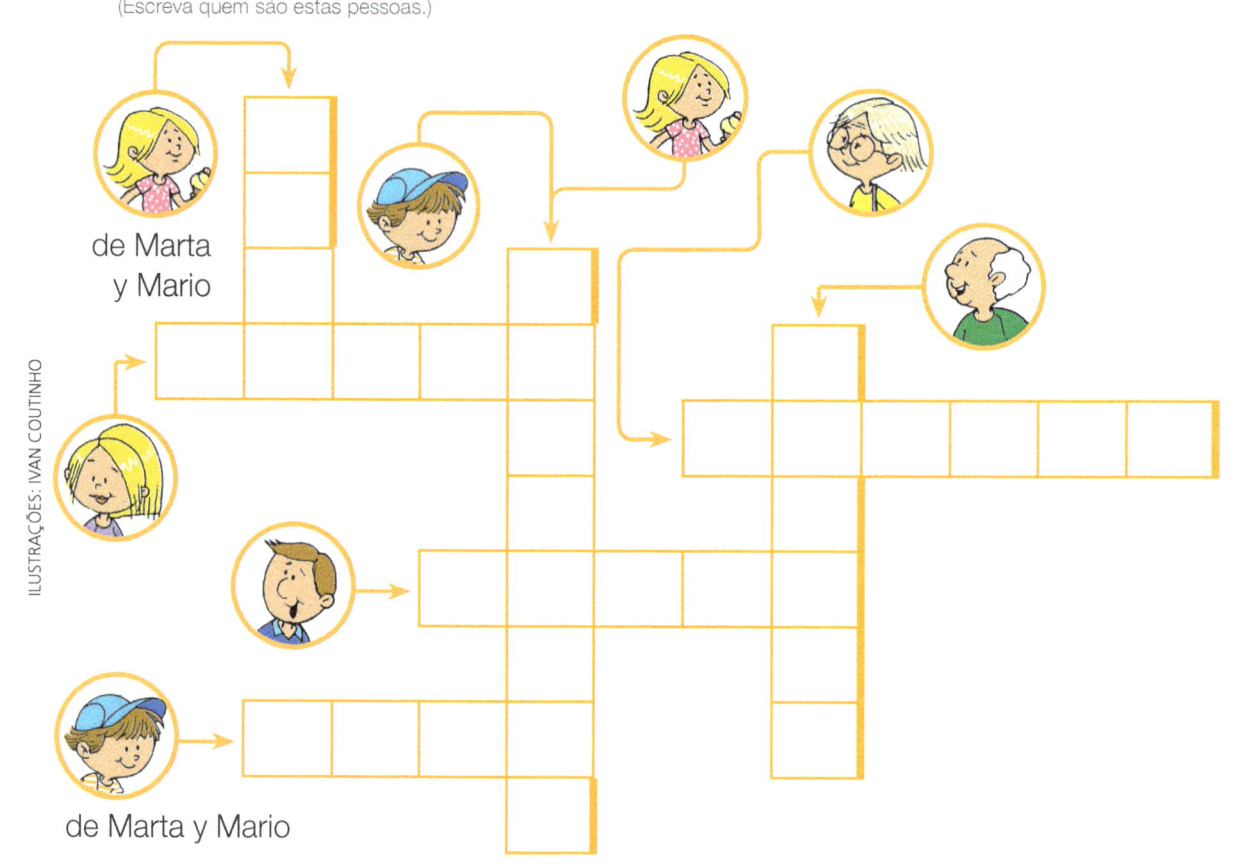

de Marta y Mario

de Marta y Mario

**3** Dibuja y describe a uno de tus familiares.
(Desenhe e descreva um de seus familiares.)

Este es mi _____. Se llama _____.

Tiene los ojos _____, el pelo _____

y la boca _____.

## Mi familia grande

Estos son mis parientes.

Tío Juan y tía Ana. Tío Juan es hermano de mi padre.

Diego y Maya son mis abuelos paternos.

Tiago, Murilo y Anita son hijos de mis tíos. Ellos son mis primos.

**4** Marca (✓) lo que encuentras en el parque. 
(Marque (✓) o que você encontra no parque.)

a) muchas flores

☐ Sí ☐ No

d) muchos árboles

☐ Sí ☐ No

b) una bici

☐ Sí ☐ No

e) un pájaro

☐ Sí ☐ No

c) una nube

☐ Sí ☐ No

f) el sol

☐ Sí ☐ No

**5** Dibuja una nube blanca, una bici verde, un pájaro rojo, una flor amarilla y un árbol grande.
(Desenhe uma nuvem branca, uma bicicleta verde, um pássaro vermelho, uma flor amarela e uma árvore grande.)

**6** Pon en orden las letras y escribe las palabras que encuentres.
(Ponha as letras em ordem e escreva as palavras que você encontrar.)

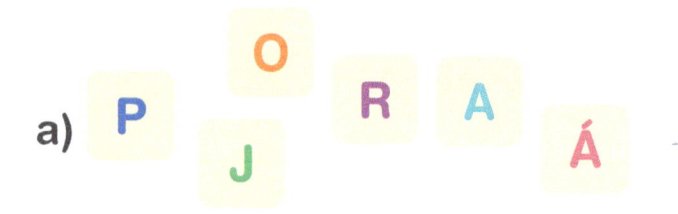

a) P O J R A Á _____

b) C I B I _____

c) U N B E _____

d) Á L B O R _____

**7** Completa los diálogos.
(Complete os diálogos.)

a) ¿Qué hay en el parque?

Hay muchos _____.

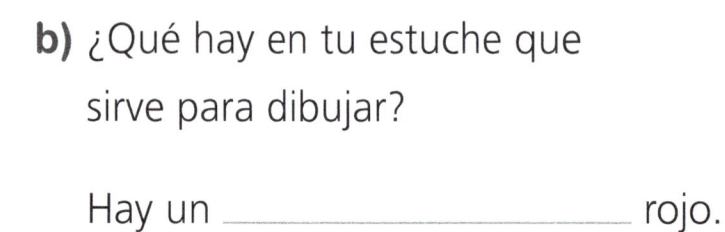

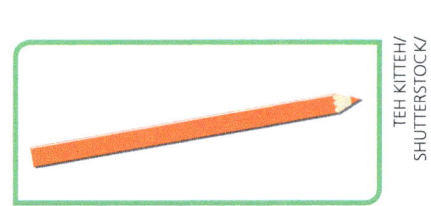

b) ¿Qué hay en tu estuche que sirve para dibujar?

Hay un _____ rojo.

**c)** ¿Qué hay en el parque y que tiene ruedas?

Hay una _____ roja.

**d)** ¿Qué hay en el parque que se llama Mimo?

Hay un _____.

**e)** ¿Qué hay en el estuche que sirve para borrar?

Hay una _____.

**f)** ¿Qué hay en el cielo?

Hay una _____ y

el _____.

**g)** ¿Qué hay en el árbol del parque?

Hay un _____.

**h)** ¿Qué hay en el jardín del parque?

_____ muchas

_____ blancas.

**i)** ¿Qué hay en el acuario?

Hay un _____ azul.

**8** ¡Vamos al parque! Recorta y pega. Ve a la página 105.
(Vamos ao parque! Recorte e cole. Vá para a página 105)

**9** Encuentra las frases. Cada letra tiene un número.
(Encontre as frases. Cada letra tem um número.)

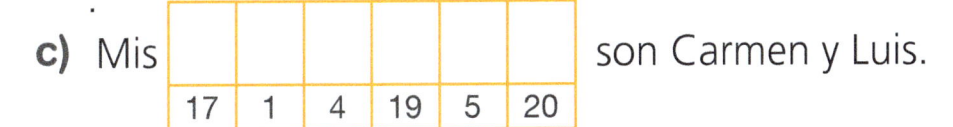

| 1 | 2 | 3 | 4 | 5 | 6 | 7 | 8 | 9 |
|---|---|---|---|---|---|---|---|---|
| A | B | C | D | E | F | G | H | I |
| 10 | 11 | 12 | 13 | 14 | 15 | 16 | 17 | 18 |
| J | K | L | M | N | Ñ | O | P | Q |
| 19 | 20 | 21 | 22 | 23 | 24 | 25 | 26 | 27 |
| R | S | T | U | V | W | X | Y | Z |

a) Yo ⬚⬚⬚⬚⬚ dos ⬚⬚⬚⬚⬚⬚⬚ .
   21 5 14 7 16   8 5 19 13 1 14 16 20

b) Se ⬚⬚⬚⬚⬚⬚ Pedro y Laura,
   12 12 1 13 1 14

   ⬚⬚ niño y una ⬚⬚⬚⬚ .
   22 14            14 9 15 1

c) Mis ⬚⬚⬚⬚⬚⬚ son Carmen y Luis.
   17 1 4 19 5 20

   Vivimos en una casa ⬚⬚⬚⬚⬚⬚ .
                       7 19 1 14 4 5

d) ⬚⬚ el jardín de mi casa ⬚⬚⬚ un
   5 14                    8 1 26

   ⬚⬚⬚⬚⬚ y muchos ⬚⬚⬚⬚⬚⬚ .
   1 19 2 16 12    17 1 10 1 19 16 20

67

## REVISIÓN

### Aprendiste a:
(Você aprendeu a:)

Preguntar y decir las partes del cuerpo, y a darles cualidades.
(Perguntar e dizer as partes do corpo e suas qualidades.)

**ojos:** grandes, pequeños, azules, verdes, castaños, negros.
**pelo:** corto, rizado, largo, oscuro, claro, rubio, liso, crespo, castaño, pelirrojo, rizado.
**nariz:** grande, pequeña, fina, ancha.
**boca:** grande, pequeña.
**brazos:** cortos, largos, fuertes.
**piernas:** cortas, largas, gordas, flacas.
**cara:** ovalada, cuadrada, redonda.
**pecho:** estrecho, ancho.

Nombrar a la familia.
(Nomear a família.)

padre, madre          abuelo, abuela
hijo, hija            tío, tía
hermano, hermana      primo, prima.

Nombrar elementos de un parque.
(Nomear elementos de um parque.)

el árbol, el pájaro, el sol, la nube, la flor, la bici.

Formular frases con el verbo haber, forma impersonal: hay.
(Formular frases com o verbo *haber*, forma impessoal: *hay*.)

## ACTIVIDAD

**1** Recorta, pega y describe.
(Recorte, cole e descreva.)

_____

_____

_____

_____

## LECCIÓN 7
# Mi casa es grande
(Minha casa é grande)

**Escucha y lee.**
(Escute e leia.)

Yo vivo en un departamento.

Nosotros vivimos en una casa pequeña.

Yo también.

Yo vivo en un piso pequeño.

## ACTIVIDADES

**1** Contesta las preguntas sobre tu vivienda.
(Responda as perguntas sobre sua moradia.)

¿Tu casa es pequeña?

Sí, muy pequeña.

a) Yo vivo en una casa grande. Y tú, ¿vives en una casa o un departamento?

Yo vivo en _____.

b) ¿De qué color es el salón de tu casa?

_____.

c) ¿Con quién divides tu dormitorio?

_____.

### VOCABULARIO

**baño:** banheiro.
**casa:** casa.
**cocina:** cozinha.
**departamento/piso:** apartamento.
**dormitorio:** quarto.
**salón:** sala de estar.

**2** Colorea los ambientes y completa las frases.
(Pinte os ambientes e complete as frases.)

salón

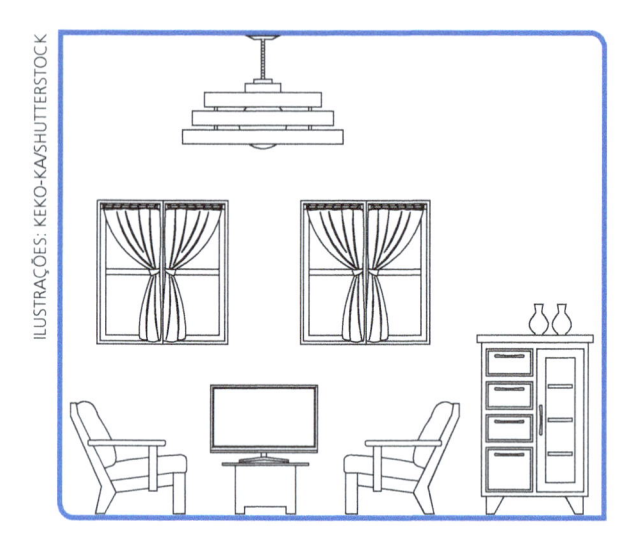

dormitorio

**a)** Mi casa tiene _____ _____.

**b)** Tu casa tiene _____ dormitorio(s).

cocina

baño

**c)** La casa de Isabel tiene _____ cocina(s).

**d)** La casa de Joaquín tiene _____.

**3** Escribe los nombres de las partes de la casa y completa la descripción.
(Escreva o nome dos aposentos da casa e complete a descrição.)

_____   _____

_____   _____

Mi casa tiene un salón, una _____,

_____ y un _____.

**4** Escribe todas las formas que encuentres en el dibujo de la casa.
(Escreva todas as formas que encontrar no desenho da casa.)

**5** Forma las respuestas juntando los dibujos iguales.
(Forme as respostas juntando os desenhos iguais.)

¿Cómo es tu dormitorio?

♦ Mi dormitorio es pequeño

¿Cómo es tu cocina?

☀ La cocina es grande

¿Qué tiene tu casa/departamento?

☆ Tiene un salón

¿Cómo es la cocina de la casa de Julia?

♥ La cocina de la casa de Julia es grande.

¿Cuántos dormitorios tiene tu casa/departamento?

♣ Tiene tres dormitorios

# ¡A aprender más números!

(Vamos aprender mais números!)

| 11 once | 12 doce | 13 trece | 14 catorce | 15 quince |
| 16 dieciséis | 17 diecisiete | 18 dieciocho | 19 diecinueve | 20 veinte |

**6** Completa con los adhesivos correctos.
(Complete com os adesivos corretos.)

12 ⬜       dieciséis ⬜

19 ⬜       quince ⬜

17 ⬜       dieciocho ⬜

20 ⬜       once ⬜

14 ⬜       trece ⬜

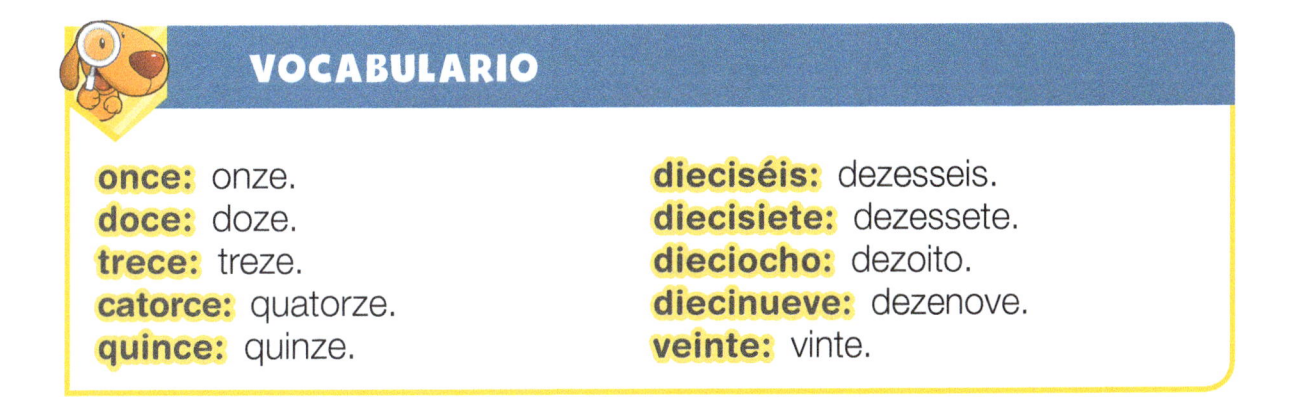

## VOCABULARIO

**once:** onze.
**doce:** doze.
**trece:** treze.
**catorce:** quatorze.
**quince:** quinze.

**dieciséis:** dezesseis.
**diecisiete:** dezessete.
**dieciocho:** dezoito.
**diecinueve:** dezenove.
**veinte:** vinte.

**7** Haz las cuentas. Escribe lo que falta.
(Faça as contas. Escreva o que falta.)

| ocho + [nueve] = diecisiete | [once] + tres = catorce | cinco + seis = [once] |
| siete + [doce] = diecinueve | dos + cuatro = [seis] | diez + ocho = [dieciocho] |
| [diecisiete] + tres = veinte | doce + cuatro = [dieciséis] | cinco + siete = [doce] |
| tres + seis = [nueve] | [cuatro] + cuatro = ocho | tres + [dos] = cinco |

**8** Arma las preguntas.
(Monte as perguntas.)

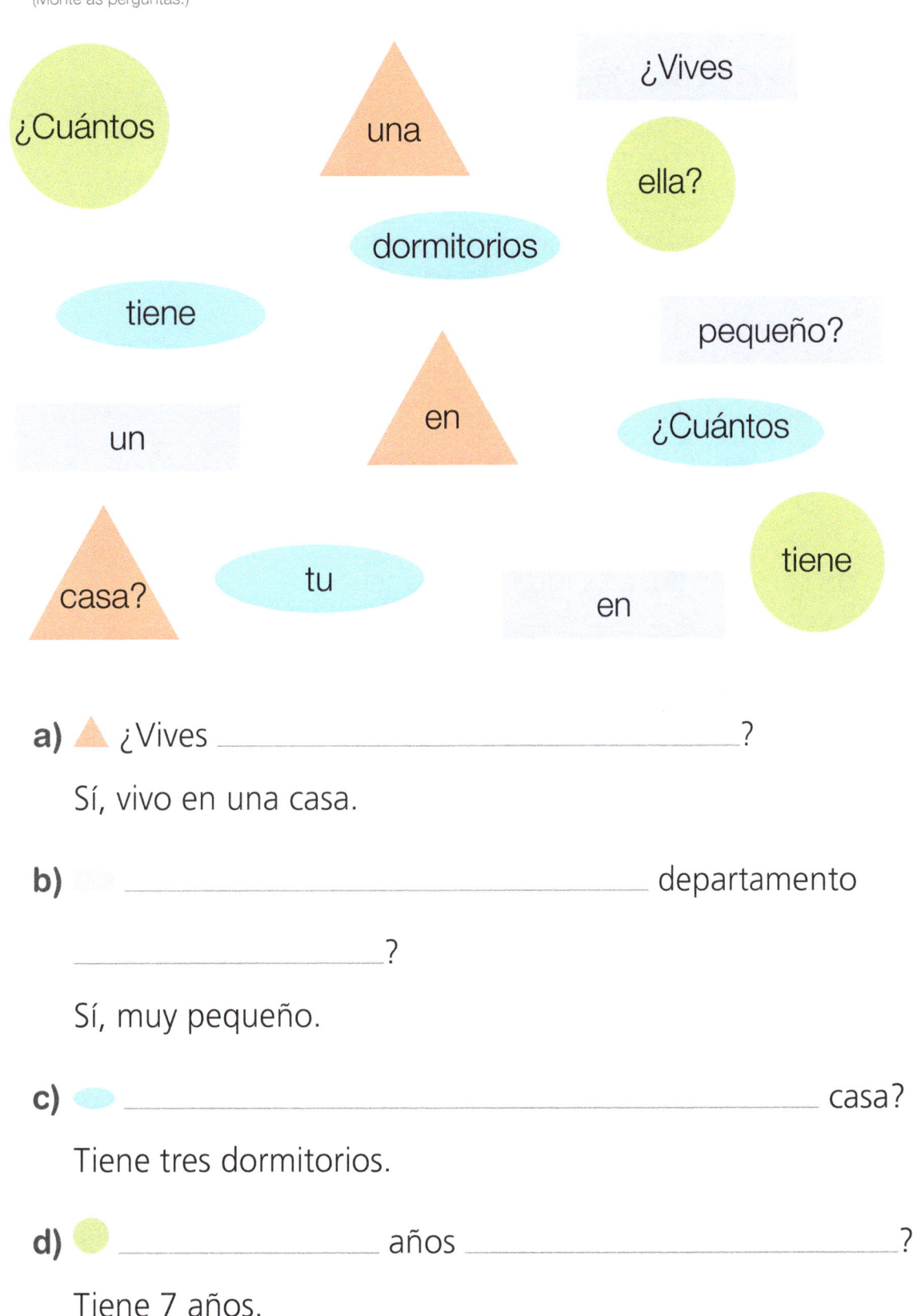

¿Cuántos   una   ¿Vives
              ella?
         dormitorios
  tiene                pequeño?
   un      en      ¿Cuántos
 casa?   tu      en    tiene

a) 🔺 ¿Vives _____?

Sí, vivo en una casa.

b) _____ departamento _____?

Sí, muy pequeño.

c) _____ casa?

Tiene tres dormitorios.

d) _____ años _____?

Tiene 7 años.

**9** Escucha y elige las frases correctas.
(Escute e escolha as frases corretas.)

**a)** María tiene una casa grande. ☐

María no tiene una casa grande. ☐

**b)** Yo vivo en un departamento pequeño. ☐

Yo vivo en un departamento grande. ☐

**c)** Nosotros vivimos en casas. ☐

Nosotros vivimos en pisos. ☐

**d)** Seis más doce es igual a dieciocho. ☐

Seis más doce es igual a veinte. ☐

**e)** Dos, cuatro, seis, ocho, diez. ☐

Dos, cuatro, siete, nueve, diez. ☐

**10** Completa. Sigue el modelo.
(Complete. Siga o modelo.)

**Modelo:**

Yo **tengo** 7 años.

Ellas **tienen** 7 años.

Ellos también **tienen** 7 años.

Todos nosotros **tenemos** 7 años.

**Ayudita:**
- tengo, tienen, tenemos
- soy, son, somos
- vivo, viven, vivimos

**a)** Yo _____ 8 años.

Ellas _____ 8 _____.

Ellos también _____.

Nosotros _____.

**b)** Yo _____ estudiante.

Ellas _____.

Ellos _____.

Nosotros _____.

**c)** Yo vivo en una casa.

Ellas _____ en casas.

Ellos _____.

Nosotros _____ en casas.

**d)** Yo vivo en un departamento chico.

Ellas _____ en un departamento pequeño.

Ellos viven en un _____.

Nosotros _____ en un departamento pequeño.

# LECCIÓN 8

## ¿Vamos a la feria?
(Vamos à feira?)

Escucha y lee.
(Escute e leia.)

las naranjas

las bananas

las manzanas

las cebollas

los ananás

los duraznos

la lechuga

los limones

los tomates

las peras

las papas

la coliflor

### VOCABULARIO

**ananá:** abacaxi.
**banana:** banana.
**cebolla:** cebola.
**coliflor:** couve-flor.
**durazno:** pêssego.
**lechuga:** alface.
**limón:** limão.
**manzana:** maçã.
**naranja:** laranja.
**papa:** batata.
**pera:** pera.
**tomate:** tomate.

## ACTIVIDADES

**1** ¿Te gusta o no te gusta? Pega los adhesivos.
(Você gosta ou não? Cole os adesivos.)

Estos alimentos me gustan:

Pero estos no me gustan:

**2** ¿Qué frutas vamos a comprar? Haz una lista de la compra.
(QUais frutas vamos comprar? Faça uma lista de compras.)

**Lista de compras**

1 kilo de _____

3 kilos de _____

2 kilos de _____

1 kilo de _____

**3** Dibuja las frutas que vas a comprar.
(Desenhe as frutas que você vai comprar.)

**4** Forma frases. Sigue el modelo.
(Forme frases. Siga o modelo.)

> **Modelo:**
> La banana **es** sabrosa.
> Las bananas **son** sabrosas.
>
> El tomate **es** rojo.
> Los tomates **son** rojos.

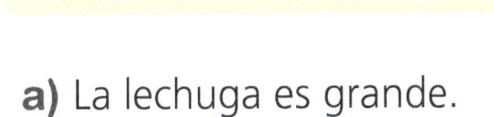

a) La lechuga es grande.

Las lechugas son _____.

b) La _____ es rica.

Las _____ son ricas.

c) El _____ es ácido.

Los limones son _____.

d) La _____ es dulce.

Las _____ son _____.

e) _____ es redonda.

Las _____ son _____.

**5** Relaciona las columnas y reescribe las frases que encontraste.
(Relacione as colunas e reescreva as frases que você encontrou.)

| | |
|---|---|
| Las manzanas | son para el puré. |
| Las naranjas | son rojas y redondas. |
| Las papas | son ácidas. |
| Los ananás | son rojos y sabrosos. |
| Los tomates | es para la ensalada. |
| La lechuga | son grandes y amarillos. |
| Los duraznos | son pequeños. |

a) _____

b) _____

c) _____

d) _____

e) _____

f) _____

g) _____

**6** Adivina la fruta y dibújala.
(Adivinhe a fruta e desenhe-a.)

Blanca por dentro, verde por fuera.
Si quieres saberlo, espera.

Soy la _____.

Me visto de amarillo y me desvisten cuando me comen.

Soy la _____.

**7** Descubre los alimentos que hay en el cesto por los colores de las letras.
(Descubra os nomes dos alimentos que estão no cesto pelas cores das letras.)

P _____

L _____

C _____

L _____

C _____

**8** Completa con los nombres de los alimentos.
(Complete com os nomes dos alimentos.)

a) ¿Cómo son las _____?

Son rojas y dulces.

b) ¿Cómo son los _____?

Son sabrosos y redondos.

c) ¿Cómo es la _____?

Es verde y fresca.

d) ¿Para qué son las _____?

Son para hacer puré.

**9** Escribe qué otras frutas los niños van a comprar para la ensalada de frutas.
(Escreva que outras frutas os meninos vão comprar para a salada de frutas.)

¿Qué quieres comprar para tu ensalada de frutas?

Yo quiero dos duraznos.

a) Yo quiero un _____.

b) Yo quiero cinco _____.

c) Yo quiero _____.

d) Yo quiero dos _____.

e) Yo _____ manzanas.

f) Yo quiero _____.

**10** Une las columnas y escribe las frases.
(Ligue as colunas e escreva as frases.)

| | | |
|---|---|---|
| Yo | quiere | |
| Él | quiero | |
| Tú | quieres | |

| | | |
|---|---|---|
| Yo | quieres | |
| Víctor | quiere | |
| Tú | quiero | |

**11** Tarjetas de frutas y números. Ve a las páginas 107, 109 y 111.
(Cartões de frutas e números. Vá para as páginas 107, 109 e 111.)

**12** Pregúntale a tu profesor(a) y a tus amigos qué frutas quieren comer hoy de postre.
(Pergunte ao(a) seu(sua) professor(a) e a seus amigos que frutas eles querem comer de sobremesa hoje.)

> **Modelo:**
> ¿Qué **quieres** comer?
> **Quiero** una banana.

**a)** ¿Qué quieres comer?

_____.

**b)** ¿Qué quiere comer Pablo?

_____.

**c)** ¿Qué quiere comer tu abuela?

_____.

**d)** ¿Qué quiere comer Ana?

_____.

**13** Circula de rojo las frutas y de azul las verduras y legumbres.
(Circule de vermelho as frutas e de azul as verduras e legumes.)

| | | |
|---|---|---|
| naranja | coliflor | manzana |
| cebolla | durazno | ananás |
| banana | lechuga | papa |

## REVISIÓN

**Aprendiste a:**
(Você aprendeu a:)

Decir y preguntar cómo viven las personas.
(Dizer e perguntar como as pessoas moram.)

–¿Vives en una casa o en un departamento?
–Vivo en una casa.

–¿Dónde vives?
–Vivo en un piso.

–¿Vives en un departamento pequeño?
–Sí, muy pequeño.
–No, vivo en un departamento grande.

Nombrar las partes de la casa.
(Nomear as partes da casa.)

cocina, dormitorio(s), salón, baño.

Decir algunos números.
(Dizer alguns números.)

| | | | |
|---|---|---|---|
| **11** | once | **16** | dieciséis |
| **12** | doce | **17** | diecisiete |
| **13** | trece | **18** | dieciocho |
| **14** | catorce | **19** | diecinueve |
| **15** | quince | **20** | veinte |

Nombrar frutas.
(Nomear frutas.)

durazno, ananá, banana, manzana, limón.

Decir las cualidades de las frutas y verduras.
(Dizer as qualidades das frutas e verduras.)

| | |
|---|---|
| dulce | fresco(a) |
| ácido(a) | rico(a) |
| sabroso(a) | nutritivo(a) |

Conjugar el verbo tener.
(Conjugar o verbo tener.)

Yo tengo.
Tú tienes.
Él(Ella) tiene.

Nosotros tenemos.
Vostros tenéis.
Ellos(Ellas) tienen.

## ACTIVIDADES

**1** Prepara una entrevista a dos amigos.
Apunta las preguntas y escribe las respuestas.
(Prepare uma entrevista para dois amigos. Anote as perguntas e escreva as respostas.)

Entrevista a _____

_____

_____

_____

**2** Completa los diálogos.
(Complete os diálogos.)

**a)** ¿Cuántos años tienen ellas?

_____

**b)** ¿Cuántos estuches tenemos?

_____

**c)** ¿Dónde viven ellos?

_____

**3** **Dibuja y colorea la casa de tus sueños.**
(Desenhe e pinte a casa dos seus sonhos.)

# GLOSARIO

## A

**acuario** (el) – aquário
**adiós** – adeus
**ahora** – agora
**al** – ao
**alfabeto** (el) – alfabeto
**algún** – algum
**amarillo** – amarelo
**amigo** (el) – amigo
**animal (el) – animal**
**año** (el) – ano
**aquí** – aqui
**armar** – montar
**asco** (el) – asco, nojo
**ayuda** (la) – ajuda
**azul** – azul

## B

**blanco** – branco
**borrar** – apagar
**buenas noches** – boa noite
**buenas tardes** – boa tarde
**buenos días** – bom dia

## C

**cantar** – cantar
**charlar** – conversar
**chau** – tchau
**círculo** (el) – círculo
**color** (el) – cor
**colorear** – colorir
**cómo** – como (pron. interrogativo)
**compañero** (el) – colega
**contestar** – responder
**cosa** (la) – coisa
**crucigrama** (el) – palavra-
-cruzada
**cuadrado** – quadrado
**cuántos** – quantos (pron. interrogativo)

## D

**decir** – dizer
**del** – do (de + o)
**dibujar** – desenhar

## E

**edad** (la) – idade

el – o (art. masc.)
él – ele (pron. pessoal)
elemento (el) – elemento
ella – ela (pron. pessoal)
encantan (v. encantar) – gostar muito; encantar
encuentra (v. encontrar) – encontrar
eres (v. ser) – ser
es (v. ser) – ser
esa – essa
escribir – escrever
escucha (v. escuchar) – escutar
ese – esse
esta – esta
este – este
estrella (la) – estrela
estuche (el) – estojo

**F**

forma (la) – forma

**G**

gato (el) – gato
goma (la) – borracha
gustar – gostar

**H**

habla (v. hablar) – falar

hasta luego – até logo
hacer – fazer
hola – oi

**J**

jugamos (v. jugar) – brincar; jogar

**L**

la – a (art. fem. singular)
lagarto (el) – lagarto
lapicera (la) – caneta
lápiz (el) – lápis
lápiz de color – lápis de cor
lee (v. leer) – ler
llamar – chamar
llamo (v. llamar, conjug. na 1ª pessoa do singular) – chamar
los – os (art. masc. plural)

**M**

marrón – marrom
más – mais
material (el) – material

**N**

negro – (cor) preto
niña – menina
niño – menino
no – não

nombrar – nomear, dar nome
nombre (el) – nome

## O

o – ou
ocho – oito
oscuro – escuro

## P

pájaro (el) – pássaro
palabra (la) – palavra
pega (v. pegar) – colar
pelota (la) – bola
perdón (el) – perdão
pero – mas
perro (el) – cachorro
persona (la) – pessoa
pez (el) – peixe
pintar – pintar
poco – pouco
pon (v. poner) – pôr
pregunta (la) – pergunta
preguntar (v. preguntar) – perguntar
presentando (gerundio del v. presentar) – apresentando (gerúndio)
prestas (v. prestar) – emprestar

## Q

quién – quem (pron. interrogativo)
quiere(s) (v. querer) – querer

## R

recorta (v. recortar) – recortar
rectángulo (el) – retângulo
regla (la) – régua; regra; norma
resuelve (v. resolver) – resolver
respuesta (la) – resposta
revisión (la) – revisão
rojo – vermelho

## S

sacapuntas (el) – apontador
sacar – tirar
sacar punta – apontar
saludando (gerundio del v. saludar) – cumprimentando (gerúndio)
si – se (partícula condicional)
soy (v. ser) – ser

## T

tener – ter
triángulo (el) – triângulo

## U

**une** (v. unir)– unir
**usar** – usar
**útil** (el) – objeto; utilitário

## V

**vacío** – vazio

**veo veo** (el) – tipo de jogo de adivinhação
**verde** – verde

## Y

**y** – e (conjunção)

# ACTIVIDADES COMPLEMENTARIAS

# ¡VAMOS A COLOREAR!

**ACTIVIDADES COMPLEMENTARIAS**

| 1 blanco | 2 azul | 3 verde | 4 rojo | 5 amarillo | 6 marrón |

# ¿VAMOS A JUGAR?

🔗 Cortar

**ACTIVIDADES COMPLEMENTARIAS**

| azul | rojo | blanco | marrón |
|---|---|---|---|
| amarillo | verde | rectángulo | círculo |
| cuadrado | triángulo | estrella | pez |
| gato | perro | pájaro | lagarto |

Parte integrante da Coleção Eu gosto m@is - Língua Espanhola 2º ano - IBEP.

# JUEGO DE MEMORIA

✂ Cortar

**ACTIVIDADES COMPLEMENTARIAS**

| | | | |
|---|---|---|---|
| perro | amarillo | verde | azul |
| perro | amarillo | verde | azul |
| rojo | lagarto | gato | círculo |
| rojo | lagarto | gato | círculo |
| oso | cuadrado | rectángulo | triángulo |
| oso | cuadrado | rectángulo | triángulo |

Parte integrante da Coleção Eu gosto m@is - Língua Espanhola 2º ano - IBEP.

# UN DÍA EN EL PARQUE

✂ Cortar

**ACTIVIDADES COMPLEMENTARIAS**

# TARJETAS DE FRUTAS Y NÚMEROS

**ACTIVIDADES COMPLEMENTARIAS**

- 3 tres
- diez
- dieciséis
- (dos piñas)

✂ Cortar

1 — uno — 20 — dos — 8

# TARJETAS DE FRUTAS Y NÚMEROS

**ACTIVIDADES COMPLEMENTARIAS**

✂ Cortar

nueve

7

15

10

quince

# TARJETAS DE FRUTAS Y NÚMEROS

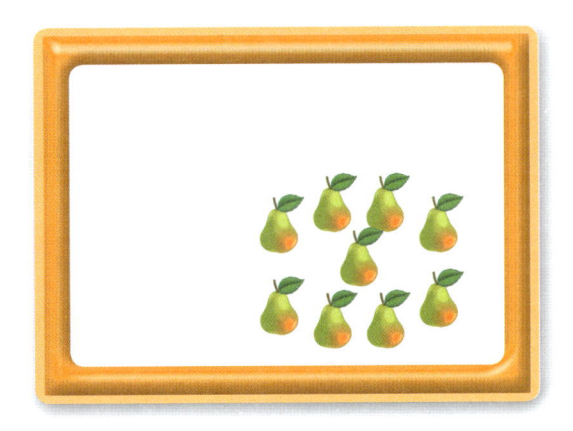

**veinte**

✂ Cortar

trece

2

9

cuatro

16

**Página 7**

**Página 27**

**Página 56**

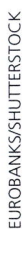

# Página 56

# Página 75

| | |
|---|---|
| 18 | diecinueve |
| veinte | 16 |
| 13 | 15 |
| 11 | doce |
| catorce | diecisiete |